DREAM WILDER

THE ADVENTURE
OF A LIFETIME

SilvanaEditoriale

05
THE INTRO
DREAM WILDER

17
THE CONCEPT
FROM A BLANK PAGE

43
THE DEVELOPMENT
MAKE IT REAL

57
THE UNVEILING
HIT THE DESERT

103
THE SHOW OFF
CROSS THE LIMIT

123
THE ENCOUNTER
DRIFTING SYNERGIES

131
THE JOURNEY
START EXPLORING

DREAM WILDER

THE INTRO

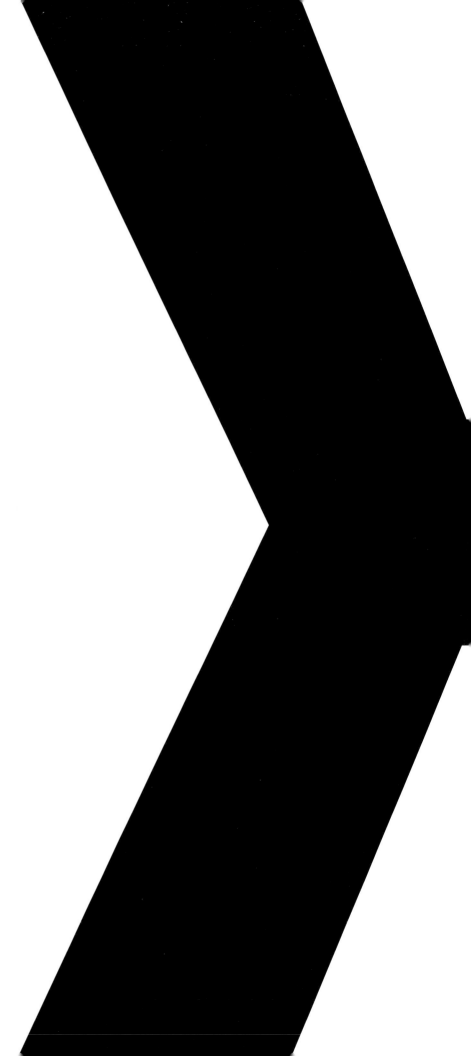

**DESERTX:
LA REALTÀ
OLTRE IL SOGNO.**

**DESERTX:
THE REALITY
BEYOND THE DREAM.**

Ogni volta che la guardo, la Ducati DesertX mi fa sentire doppiamente soddisfatto. Come appassionato di moto, riesce a emozionarmi perché è davvero una moto con un grande carattere, diversa da tutte le sue concorrenti, con un fascino inarrivabile che le deriva dal richiamo alle moto protagoniste dei grandi rally africani del passato. Come Amministratore Delegato, mi rende orgoglioso perché riassume in sé molti dei valori che rendono così speciale questa azienda, e mi ricorda quanto sia fortunato a poterla guidare in questo momento fantastico della sua incredibile storia.

Nato quasi per gioco, il progetto DesertX si è materializzato in pochissimo tempo, a testimonianza del fatto che niente è più potente di un sogno che si tramuta in realtà. E così da un intrigante concept, una sorpresa che decidemmo di offrire agli appassionati e ai visitatori di EICMA 2019, è nata una moto straordinaria, che sposta il confine di ciò che possiamo attenderci da una Ducati.

E che al tempo stesso riafferma i nostri principi fondamentali. A cominciare dall'attenzione per il design. Pensata dal Centro Stile Ducati seguendo i criteri di essenzialità e robustezza, la DesertX è una moto dalla bellezza senza tempo, in cui trovano espressione il passato, il presente e il futuro di Ducati. E proprio l'innovazione infatti è un altro di quegli elementi che abbiamo voluto rimarcare in questa moto, che con i suoi contenuti tecnologici e la sua grande versatilità permette di esaltare le prestazioni e l'affidabilità del rinomato Testastretta da 937 cc raffreddato a liquido.

Ma trattandosi pur sempre della moto che segna il nostro ingresso nel segmento 21/18, ciò che colpisce della nuova DesertX è l'estrema competenza off-road. Su questa moto ho sempre avuto grandi aspettative, ma mi è bastato provarla la prima volta, nella giornata di test svolta insieme a tutti i membri del board, per capire subito che il team di R&D, capitanato da Vincenzo De Silvio, anche questa volta aveva davvero fatto centro!

Lavoro di squadra, voglia di stare insieme e divertirsi, desiderio di regalare ai nostri appassionati Ducatisti prodotti che possano primeggiare in ogni contesto e voglia di spingersi sempre oltre i limiti: questi valori sono parte integrante del DNA Ducati e sono al cuore della nuova DesertX. Un progetto entusiasmante che abbiamo voluto raccontare, passo dopo passo, in questo libro. Una sfida nuova che siamo felicissimi di aver accettato e che non vediamo l'ora di scoprire dove ci porterà. Perché la DesertX è l'avventura di una vita, e questo è soltanto l'inizio!

Claudio Domenicali
CEO Ducati Motor Holding

Every time I look at it, the Ducati DesertX makes me feel doubly satisfied. As a motorcycle fan, it excites me because it is truly a bike of great character, different from all its competitors, with unmistakable appeal that stems from its reference to those bikes that starred in the great African rallies of the past. As CEO, it makes me proud because it embodies many of the values that make this company so special and reminds me just how lucky I am to be able to ride it at this wonderful moment in its incredible history.

Conceived almost for fun, the DesertX project was developed in very little time, testament to the fact that nothing is more powerful than a dream that becomes reality. And so, from an intriguing concept, a surprise we decided to give the fans and visitors at EICMA 2019, an extraordinary bike is born, one that pushes the boundaries of what we can expect from a Ducati.

And one that, at the same time, reaffirms our fundamental principles. Starting with our attention to design. Created by the Centro Stile Ducati based on the criteria of simplicity and robustness, the DesertX is a bike of timeless beauty that embodies the past, present and future of Ducati. And innovation, in fact, is another of those elements we wanted to highlight with this bike, which uses its technological content and significant versatility to showcase the performance and reliability of the renowned 937 cc liquid cooled Testastretta.

Although this is the bike that marks our entry into the 21/18 segment, what stands out about the new DesertX is its extreme off-road ability. I always had high expectations for this bike, but I only needed to try it the first time, during a test day together with the other board members, to immediately understand that the R&D team headed up by Vincenzo De Silvio had truly hit the mark once more!

Teamwork, the desire to spend time together and have fun, the wish to give our Ducati fans products that can shine in every context and the desire to always push ourselves beyond the limits: these values are an integral part of Ducati DNA and are at the heart of the new DesertX. An exciting project that we wanted to illustrate, step by step, in this book. We are extremely happy to have accepted this new challenge and we cannot wait to see where it will take us. Because the DesertX is the adventure of a lifetime, and this is only the beginning!

Claudio Domenicali
CEO Ducati Motor Holding

A gran velocità tra sabbia e cielo.
Come ce l'eravamo immaginato.
Fin dall'inizio.

At great speed between sand and sky.
Just as we had imagined.
From the beginning.

"WORKING OUTSIDE THE BOX

CLAUDIO DE ANGELI,
PRODUCT SPONSOR

È un segmento meraviglioso perché ognuno lo prende a modo suo, senza particolari linee guida specifiche. E abbiamo avuto quindi tutto lo spazio per dar vita a un progetto che fosse totalmente inedito. E totalmente Ducati.

It's a wonderful segment because everyone interprets it their own way, with no specific guidelines. And so we had all the room to develop a project that was totally new. And totally Ducati.

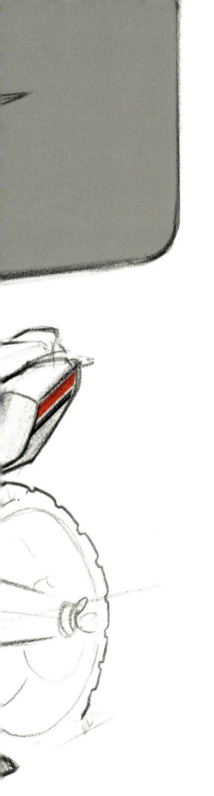

FROM A
BLANK PAGE

THE CONCEPT

**IL BRIEF È STATO:
FATE QUELLO
CHE VOLETE.**

**THE BRIEF WAS:
DO WHAT
YOU WANT.**

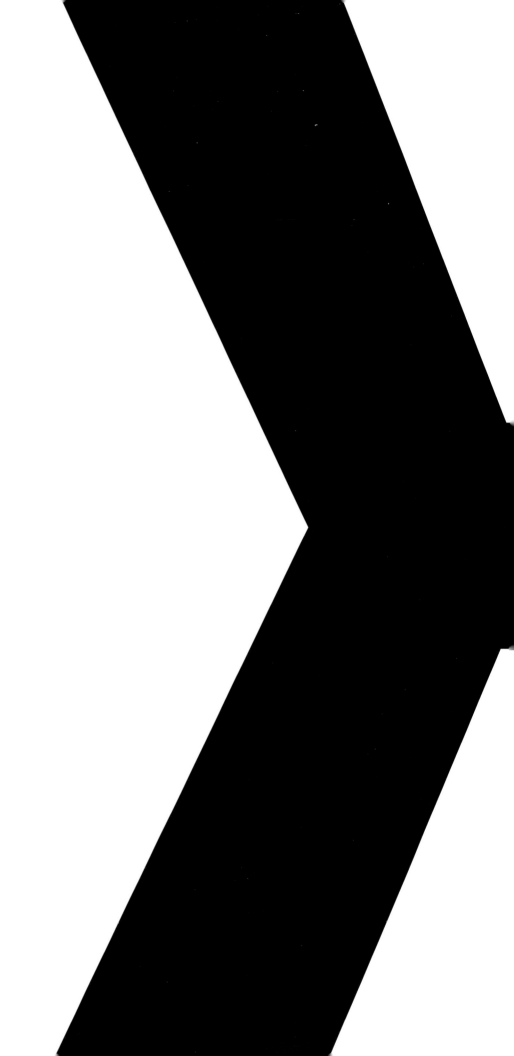

Il progetto DesertX è nato nel modo più creativo possibile: a partire da un foglio bianco e senza un brief iniziale. Come se stessimo chiedendo ai designer del Centro Stile di disegnare la moto dei loro sogni. Quando poi, a EICMA 2019, il prototipo costruito dagli sketch di Jérémy Faraud è stato accolto con grande entusiasmo dai motociclisti di tutto il mondo, ci siamo sentiti quasi obbligati a trasformare quell'energia positiva in una moto funzionale, competente ed efficace.

L'abbiamo fatto, e l'abbiamo fatto alla maniera Ducati. Con passione e determinazione, attingendo a piene mani al meglio delle nostre conoscenze in termini di ergonomia, motore, aerodinamica ed elettronica. Disegnando una moto innovativa, efficace, tecnologicamente avanzata e soprattutto bella.

La DesertX è infatti uno sport tool, pensato e ingegnerizzato per affrontare l'off-road più impegnativo. È quindi una moto disegnata secondo principi di design funzionalista e priva di manierismi. Ma come tutte le Ducati rispetta elevati canoni estetici ed è dotata di una personalità unica.

Il suo stile minimalista riesce a unire le suggestioni "dakariane" con un "look and feel" moderno. La perfetta alternanza tra curvature ampie e piccole restituisce un effetto di robust design e trasmette sin dallo sguardo sportività e voglia di avventura. Il tutto è completato da dettagli esclusivi che rendono questa moto davvero unica nel suo genere, come il proiettore con il doppio DRL e il cruscotto posizionato in verticale, ispirato ai road book delle moto da rally.

Per me, che sono cresciuto nel mito della Parigi-Dakar, e rimango affascinato ogni volta che vedo la moto di Edi Orioli esposta qui nel Museo Ducati, è stata davvero una grande emozione svilupparla. La DesertX è una moto che pur nel passaggio da concept a realtà ha mantenuto i tratti di quella show bike che stupì tutti a EICMA 2019. Una moto che qualunque strada si trovi a percorrere nel mondo, non lascia scampo a equivoci: è una Ducati, e arriva da Borgo Panigale.

Andrea Ferraresi
Centro Stile Ducati, Director

The DesertX project came about in the most creative possible way, from a blank page and with no initial brief. As if we were asking designers at the Centro Stile to sketch the bike of their dreams. And so, when the prototype constructed from Jérémy Faraud's design was so warmly received by motorcyclists from all over the world at EICMA 2019, we felt almost obliged to transform that positive energy into a functional, efficient and specialist bike.

We've done just that, and we've done it the Ducati way. With passion and determination, drawing upon all our knowledge of ergonomics, engines, aerodynamics and electronics. Designing a bike that is innovative, efficient, technologically advanced and, above all, beautiful.

The DesertX is in fact a sport tool, conceived and engineered to take on the toughest of off-road routes. It is a bike built according to the principles of functional, pretentious-free design. But, like any Ducati, it meets high aesthetic standards and boasts a unique personality.

Its minimalist style is able to combine Dakar-like suggestions with a modern look and feel. The perfect blend of large and small curves gives the impression of a robust design and transmits a sporty and adventurous spirit right from the outset. All topped off with exclusive details that make this bike a true one-of-a-kind, like the headlight with double DRL and the vertically positioned dashboard, inspired by the road books of rally bikes.

For me, who grew up with the legend of the Paris-Dakar and is still bewitched every time I see Edi Orioli's bike displayed here in the Museo Ducati, it was truly a thrill to develop it. In going from concept to reality, the DesertX has been able to retain all the features of that show bike that astonished everyone at EICMA 2019. A bike that, whatever road it may travel in the world, leaves no room for doubt – it's a Ducati, and it comes from Borgo Panigale.

Andrea Ferraresi
Ducati Centro Stile, Director

Uno sport tool in cui l'animo heritage diventa futuro fin dal primo sketch.

A sport tool in which the heritage spirit gets a futuristic twist from the very first sketch.

"
ROBUST FROM THE FIRST SKETCH

ANDREA FERRARESI
DUCATI CENTRO STILE, DIRECTOR

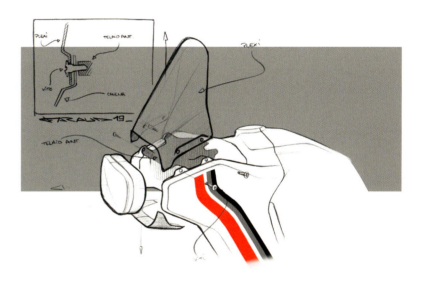

DesertX è pensata come un attrezzo: essenziale e robusta. Lo stile è guidato dalla funzionalità. Abbiamo un'alternanza tra raggi ampi e raggi stretti per dare questo effetto di "robust design". Lo stile è moderno, pulito e solido.

DesertX is designed to be a sport tool, essential and robust. Style is steered by functionality. Alternating large and small radiuses creates this effect of "robust design". The style is modern, clean and sturdy.

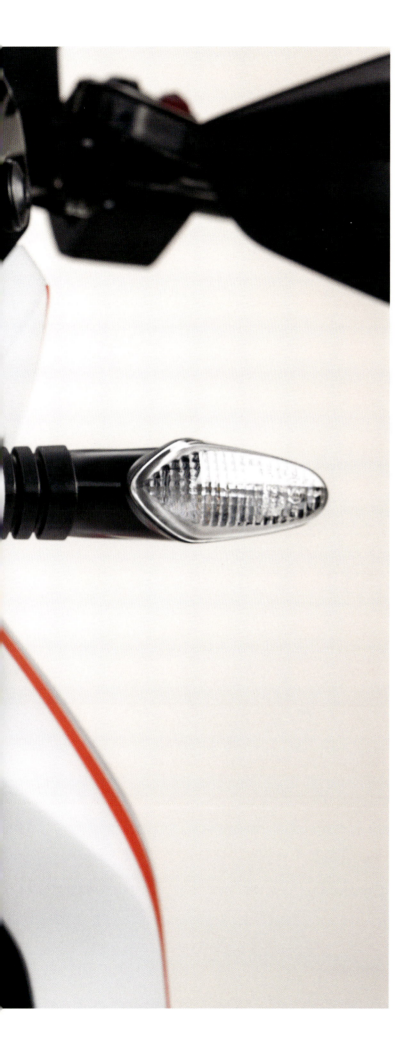

"
BOTH HERITAGE AND DIGITAL

JÉRÉMY FARAUD
BIKE DESIGNER

Abbiamo messo l'accento su pochi elementi, decisi, che ne valorizzano il carattere tecnologico. Come ad esempio il frontale che crea una composizione completamente nuova e che rimane impressa fin dal primo sguardo.

We emphasized a few key elements that enhance the bike's technological character. The front headlight for example, which creates a completely new composition that is striking right from first glance.

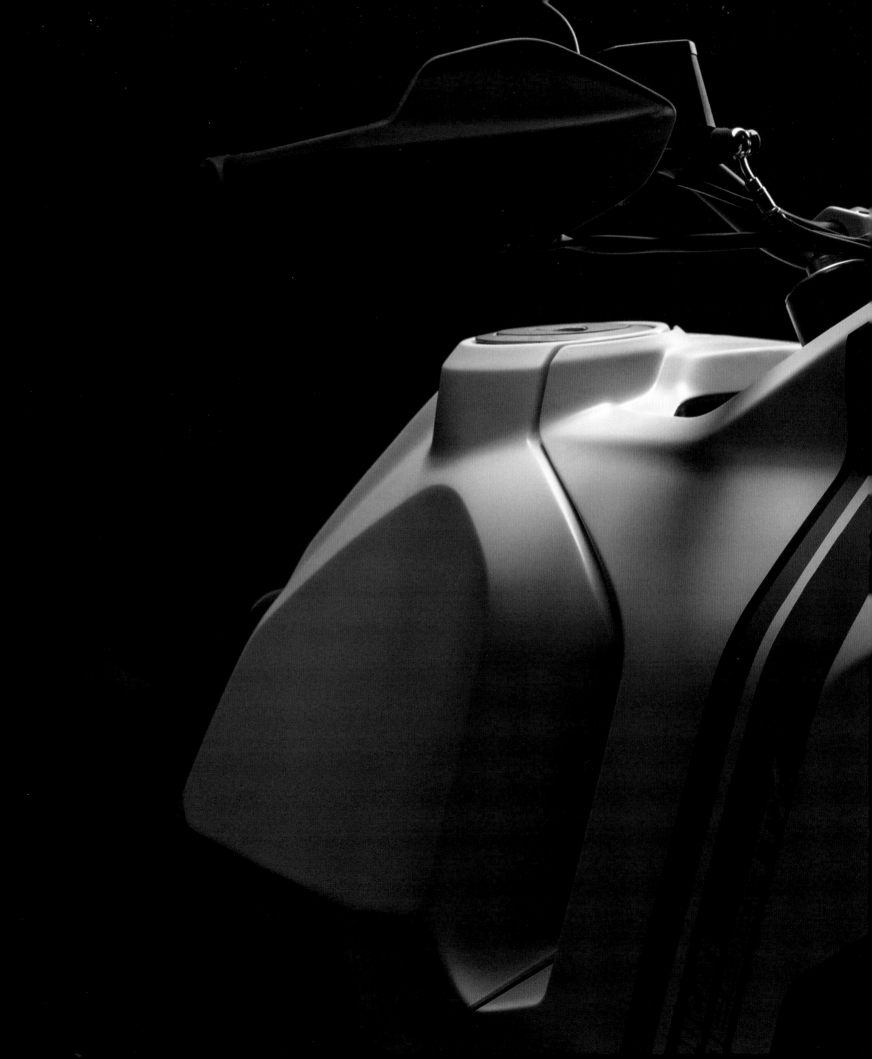

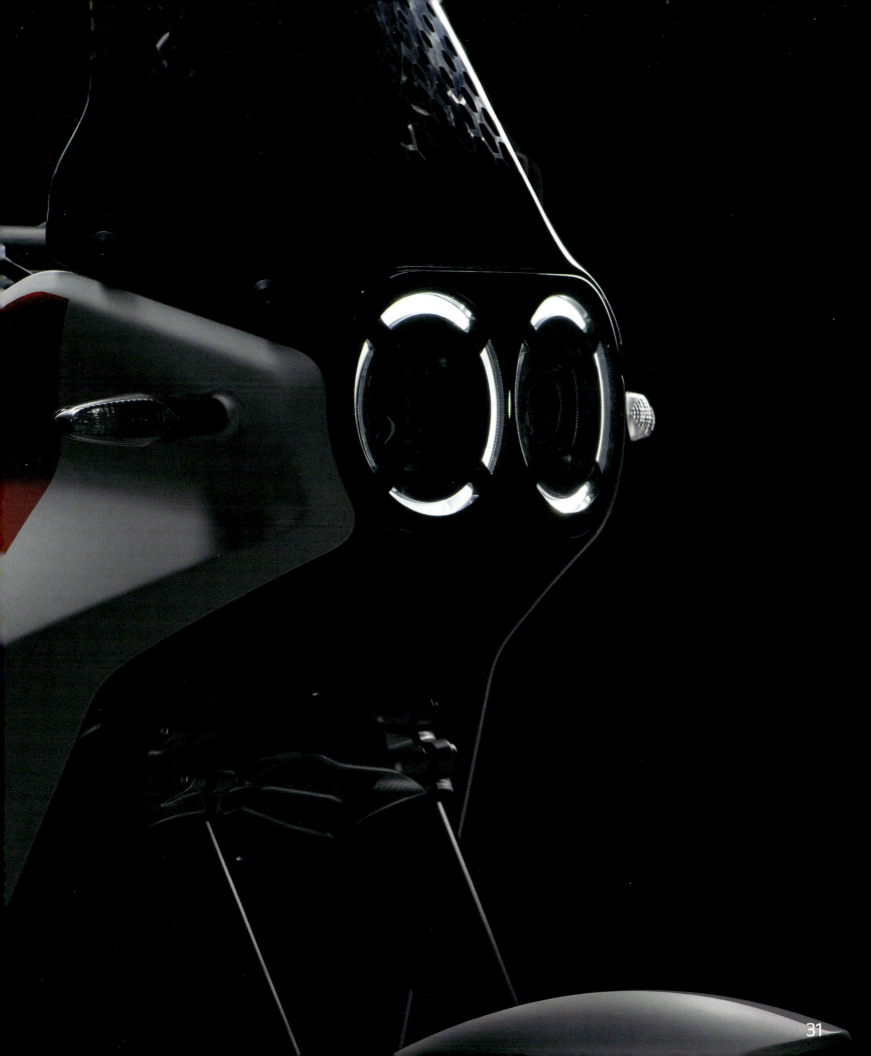

Pochi semplici elementi, netti e decisi.
La filosofia del design di DesertX non lascia
spazio a orpelli: si concentra solo su ciò che
ha una funzione.

A few simple elements, clean and bold.
The DesertX design philosophy leaves no room
for frills and focuses only on that which serves
a function.

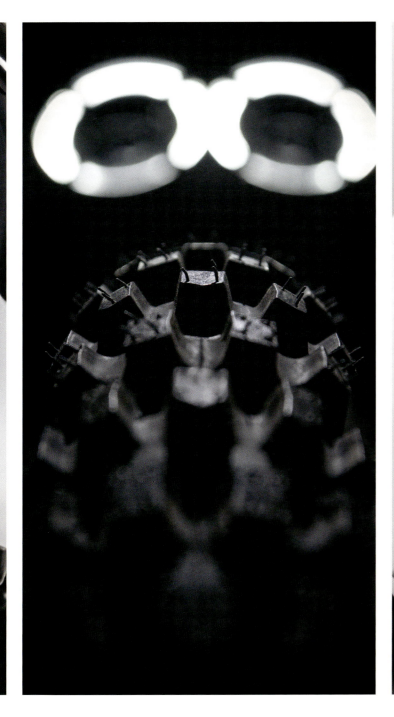

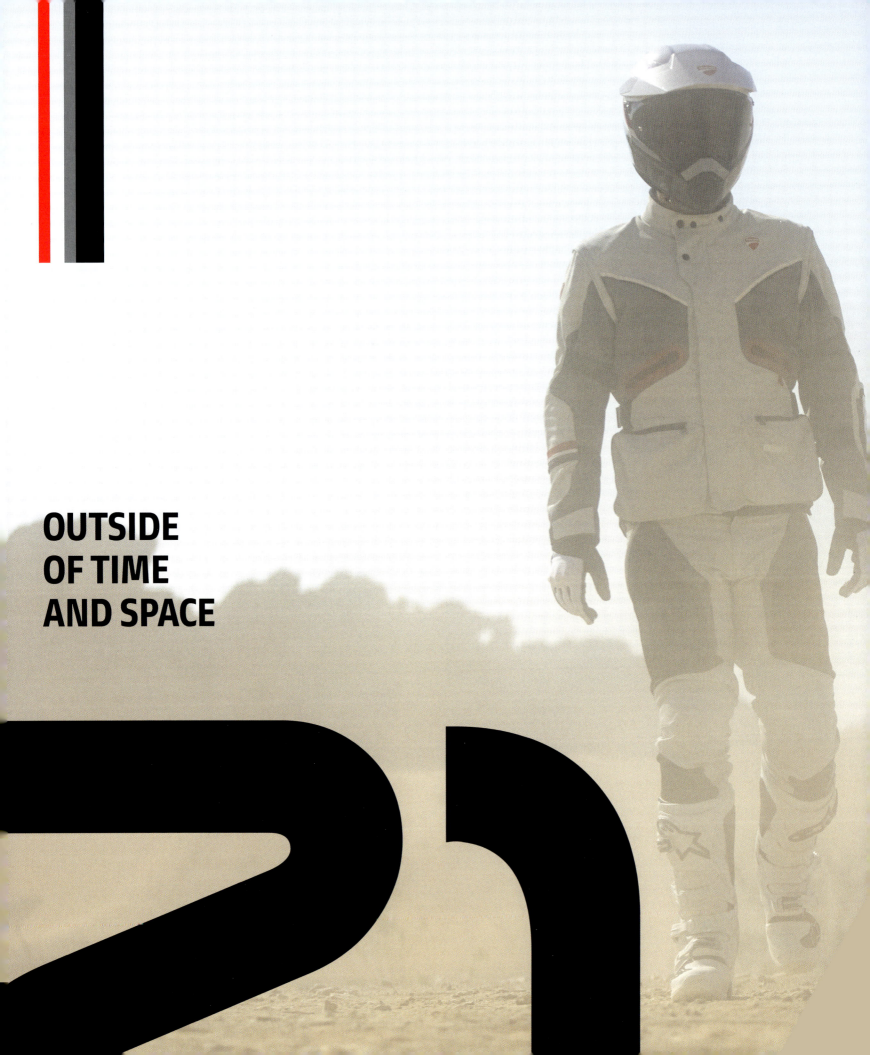

**OUTSIDE
OF TIME
AND SPACE**

"
DESIGNED WITH A SINGLE-MINDED APPROACH

JÉRÉMY FARAUD
BIKE DESIGNER

È un'identità così forte che, per la prima volta, abbiamo deciso di disegnare internamente al Centro Stile una linea di abbigliamento dedicata.

Anche per l'abbigliamento, come per la moto, abbiamo lavorato seguendo i principi del robust design, giocando con l'alternanza di raggi ampi e raggi piccoli, ma trasportando la stessa estetica dai volumi ai tagli e alla grafica. Dal 3D al 2D.

There is such a strong identity that, for the first time, we decided to design a dedicated clothing line in-house at the Centro Stile.

In developing the clothes, we worked according to the same principles of robust design that we applied to the motorcycle, playing with alternating large and small radiuses, while applying the aesthetic of the bike's shapes to the cuts and graphics. From 3D to 2D.

Si nota subito che il bianco domina la collezione
così come la moto. E il bianco ha un valore storico
importante: i piloti dei rally degli anni novanta
avevano giacche chiare, perché riflettevano di più
il sole. Oltretutto all'epoca non avevano i tessuti
tecnici che abbiamo oggi, e quindi nel deserto era
davvero una funzione importante.

It is immediately clear that white dominates
the collection, as it does the bike. And white is
of real historic value, as rally riders in the 1990s
would wear light colored jackets as these better
reflected the sun. At the time, they didn't have
the technical fabrics we have today, and so light
colors played an important role in the desert.

MAKE IT REAL

THE DEVELOPMENT

Quando si decide di trasformare un concept in una moto vera e propria, ci si avventura su una strada che presenta tantissimi ostacoli. Grazie a un fantastico lavoro di squadra, con la DesertX siamo riusciti a superarli brillantemente. Perché non solo abbiamo realizzato una moto del tutto fedele all'ispirazione iniziale. Non solo l'abbiamo fatto in tempi molto ristretti con un processo completamente nuovo, introdotto per superare le difficoltà legate alla pandemia. Ma abbiamo colto l'occasione offerta da questa sfida – la creazione della prima Ducati espressamente dedicata all'off-road – per alzare l'asticella in tutti i campi, e arrivare a costruire una moto superiore a ogni aspettativa.

Il mondo del fuoristrada era un terreno poco battuto per Ducati, e infatti la DesertX si è da subito presentata come una moto completamente diversa dalle nostre ultime creazioni. Questo però non ci ha intimorito, anzi. Tutta la fase di sviluppo ha visto una grande collaborazione tra i diversi reparti e tutti hanno dato il massimo. Nessun componente è stato approvato senza la piena soddisfazione di tutti i soggetti coinvolti. La consapevolezza di essere al lavoro su qualcosa di veramente speciale ha fatto sì che ogni step sia stato compiuto nel modo giusto, pur sapendo che questo ci avrebbe portato a forzare molto sui tempi di sviluppo.

Il risultato di questo processo, divertente oltre che stimolante, credo sia evidente sia per chi osserva che per chi prova la moto. DesertX è una moto spettacolare, ricca di chicche dal punto di vista estetico e ingegneristico e dotata del meglio della tecnologia Ducati. Testata e validata in una varietà di condizioni che forse non ha precedenti nella nostra storia, ha raggiunto e superato tutti gli obiettivi di prestazioni, affidabilità e guidabilità.

Come prima nostra creazione nel settore 21/18 c'è quindi da essere ampiamente soddisfatti. Soprattutto perché siamo riusciti a vincere quella che era la vera sfida nella sfida: combinare l'animo off-road con la sportività insita nel nostro DNA. La DesertX è proprio questo: una moto efficace nel fuoristrada, che in strada si comporta come una vera Ducati.

Pierluigi Zampieri
R&D Vehicle Director

When you decide to transform a concept into a real bike, you adventure along a path that throws up countless obstacles. Thanks to incredible teamwork, we've been able to smoothly navigate all of these with the DesertX. Because we've not only built a bike that remains totally faithful to the initial inspiration. We've not only achieved this in a very short space of time and with a totally new process, introduced to overcome difficulties relating to the pandemic. But we've also seized the opportunity that this challenge afforded – to create the first Ducati specifically dedicated to off-roading – to raise the bar across all fields, and actually build a bike that exceeds every expectation.

The off-roading world was essentially new ground for Ducati, and the DesertX immediately presented itself as a totally different bike to our other recent creations. But this didn't intimidate us, quite the opposite in fact. The entire development phase saw real collaboration between the different departments, and everyone gave it their all. No component was approved until everyone involved was totally happy with it. Knowing that we were working on something so very special meant that we were careful to execute every step in the right way, although we also realized that this would impact on the development times.

The result of this process, enjoyable as well as stimulating, is obvious I think, whether you are admiring or riding the bike. The DesertX is a spectacular bike, brimming with treats from both the aesthetic and engineering standpoint, and equipped with the very best of Ducati technology. Tested and validated in a variety of conditions, in a way that is perhaps unprecedented in our history, it has met and exceeded every goal that was set in terms of performance, reliability and rideability.

And so, we can be very pleased with our first creation in the 21/18 sector. Particularly because we've been able to rise to the real "challenge within the challenge", combining the off-road spirit with that sportiness intrinsic to our DNA. The DesertX is precisely this: a bike that is efficient off-road, and that behaves like a real Ducati on the road.

Pierluigi Zampieri
R&D Vehicle Director

"
WE WORKED TO PUSH THE BOUNDARIES OF WHAT YOU CAN DO WITH A DUCATI

PIERLUIGI ZAMPIERI
R&D VEHICLE DIRECTOR

DesertX è la prima Ducati progettata direttamente per l'off-road. Abbiamo lavorato attingendo a piene mani dalla nostra competenza tecnica in termini di ciclistica, ergonomia e motore per realizzare una moto solida, avanzata ma anche tanto agile e intuitiva.

DesertX is the first Ducati designed directly for off-roading. We worked by drawing heavily on our technical expertise relating to the chassis, ergonomics and engine to create a bike that is solid and advanced, but also very agile and intuitive.

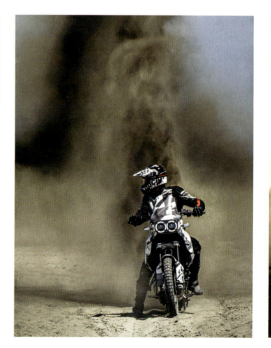

"
RIGOROUS TESTING HAS NEVER BEEN SO COMFORTABLE

MATTEO GRAZIANI
OFFICIAL DUCATI TESTER
WINNER OF 58 RALLIES
IN ITALY

L'abbiamo testata con un altissimo numero di cicli di affidabilità. Sia in pista che in condizioni off-road estreme. Facciamo anche molto lavoro comparativo in queste situazioni e la cosa che più mi ha colpito è quanto con le altre moto uscissi più stanco dalle sessioni di test che con DesertX.

Il lavoro sull'ergonomia e sulla dinamica ha pagato moltissimo, e oggi la moto è davvero molto intuitiva e rilassante. Anche in condizioni estreme.

We tested the bike with a very high number of reliability cycles, both on the track and in extreme off-road conditions. We also do a lot of comparative work in these situations and the thing that struck me most is how I felt much more tired after test sessions with the other bikes than with the DesertX.

Work on the ergonomics and dynamics has really paid off, and the bike is now very intuitive and relaxing. Even in extreme conditions.

Non c'è camouflage che tenga.
DesertX è inconfondibile anche
quando si nasconde.

There is no camouflaging it.
DesertX is unmistakable even
when it hides.

Lo sviluppo è stato condotto sempre su due piani paralleli: strada e fuori strada. Ogni passo di evoluzione che facevamo fuori strada veniva ri-verificato in strada. L'obiettivo non era solo di fare un perfetto tool per l'off-road. Ma anche una Ducati in strada.

The development was always conducted along the two parallel paths: on road and off-road. Every evolutionary step we took off-road was then also verified on the road. The goal was not just to build a perfect off-road tool, but also a road-going Ducati.

"
IN CHANGING EVERYTHING, WE STILL WANTED TO BUILD A DUCATI

LUIGI MAURO
VEHICLE TESTING
DEPARTMENT MANAGER

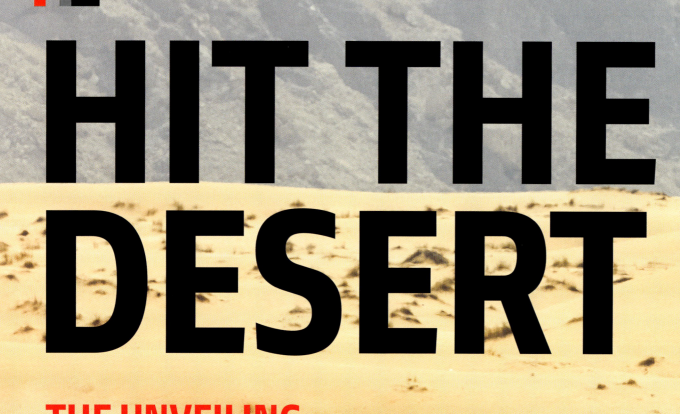

HIT THE DESERT

THE UNVEILING

Esplorazione. Divertimento. Performance. E una gran voglia di prendere e partire verso l'orizzonte. Solo a guardarla, la DesertX ti trasporta nell'atmosfera delle competizioni dakariane. E, infatti, è qui, in mezzo al deserto, il luogo magico da cui tutto è partito, che la DesertX ha ricevuto il suo battesimo di fuoco.

Dicembre 2021. Insieme alle troupe che abbiamo ingaggiato per la produzione e ad Antoine Méo ci dirigiamo verso il Fossil Rock Desert, una spettacolare formazione di dune e rocce nel deserto degli Emirati Arabi Uniti. Ufficialmente per una sessione di shooting. In realtà, questo è anche il primo vero test della moto sul suo terreno di conquista designato.

Tra il team si respira grande fiducia, ma anche un po' di tensione. È da EICMA 2019 che tutti aspettano questa moto. Durante il processo di sviluppo tutto è andato alla grande: designer, tecnici e tester sono entusiasti di quanto fatto finora e prima di partire ci hanno rassicurato sulle capacità della moto. Noi ci fidiamo, ma sappiamo che la sabbia può riservare brutte sorprese e che gli shooting, tra continui stop e ripartenze, sono un banco di prova persino più impegnativo di una gara.

Raggiungiamo il punto concordato, e tutte le nostre preoccupazioni svaniscono non appena la DesertX si mette in moto. È fantastico vederla arrampicarsi sulle dune, accelerare sulla sabbia e affrontare la roccia senza la minima esitazione. Antoine, che prima di salire in sella mi era sembrato un po' scettico, mi fa l'ok con il pollice in alto e mi dice "Claudio, questa moto è fantastica!".

Andiamo avanti tutta la giornata con gli scatti e le riprese. Lo stesso il giorno dopo, e quello dopo ancora. Tre giorni intensi di lavoro in cui la DesertX si dimostra pronta a tutto, estremamente intuitiva nella guida off-road e perfettamente a suo agio in un ambiente estremo come il deserto. È come vedere un sogno diventare realtà. Una grande emozione, tra le più forti che ho mai vissuto in Ducati.

Torniamo a casa stanchi ma carichi a palla, pronti per preparare il lancio della moto. Con la sensazione che questa moto sarà capace di darci grandi soddisfazioni, e che quello che ci apprestiamo a raccontare sia soltanto il primo capitolo di una nuova, entusiasmante era.

Claudio De Angeli
Product Sponsor

Exploration. Enjoyment. Performance. And a real urge to set off and head for the horizon. Even at first glance, the DesertX transports you into the world of Dakar-style racing. And, in fact, it is here, in the middle of the desert, the magical place where it all began, that the DesertX undergoes its baptism by fire.

December 2021. Together with both the crew we've hired for production and Antoine Méo, we head for the Fossil Rock Desert, a spectacular formation of dunes and rocks in the desert of the United Arab Emirates. Officially speaking, for a photo and video shoot, though in reality, this is also a first real test for the bike on the very terrain it was designed to conquer.

The team appears confident, but there's also a little tension. Everyone's been waiting for this bike since EICMA 2019. It all went swimmingly during the development process and, before we left, the designers, technicians and testers all reassured us as to the bike's abilities, excited about the work completed to date. We have faith, but we know that the sand could throw up some unwelcome surprises and that these shoots, with the continual stop starts, make for a test bench that is even more challenging than a race.

We reach the designated spot, and all our worries evaporate as soon as the DesertX gets going. It's fantastic to see it climb the dunes, accelerate on the sand and tackle rocks without the slightest hesitation. Antoine, who I thought seemed a little skeptical before climbing aboard, gives me a thumbs up and says "Claudio, this bike is fantastic!".

And so we spend the whole day shooting material. And the same the next day, and again the day after that. Three intense days of work in which the DesertX proves ready for anything, extremely intuitive off-road and perfectly at ease in an extreme environment like the desert. It's like seeing a dream come true. A real thrill, one of the biggest I've experienced at Ducati.

We head home tired but hugely energized, ready to prepare the bike launch. With the feeling that this bike will be able to bring us real satisfaction, and that what we are about to tell you constitutes only the first chapter of an exciting new era.

Claudio De Angeli
Product Sponsor

Tutto così nuovo. Eppure sembrava che fossimo sempre stati lì. Le moto che giocavano agili e leggere sulle dune. Le sagome bianche che si stagliavano sullo sfondo roccioso, una dimensione divertente e onirica allo stesso tempo.

All so new. And yet it was as if we'd always been there. The bikes that played, agile and light on the dunes. The white silhouettes that stood out against the rocky backdrop, a dimension that was at once both fun and dreamlike.

VOILÀ ANTOINE.

HERE COMES
THE CHAMPION.

ANTOINE MÉO
A CHAMPION
A TEST RIDER
A FRIEND

Francese, leggenda dell'off-road, incendiava le folle con il suo talento e la sua fame di vittorie. Pilota di rally, maniaco della preparazione della moto, ha vinto diversi campionati del mondo enduro insieme a Pierluigi Zampieri.

This French off-road legend used to fire up the crowds with his talent and hunger to win. A rally rider who is fanatical about bike prep, he has won several enduro world championships together with Pierluigi Zampieri.

È bastato poco per prendere confidenza con la moto, così agile e intuitiva. In pochi minuti ci sentivamo come snowboarder in un park da free style, immersi in un parco giochi di sabbia a perdita d'occhio.

It didn't take long to get to grips with the bike, so agile and intuitive. In a few minutes, we felt like a snowboarder in a freestyle park, immersed in a sandy playground extending as far as the eye could see.

Ci sentivamo tutt'uno con le nostre DesertX. Da un lato grazie alle loro caratteristiche ergonomiche così accoglienti. Ma anche perché ci vedevamo vestiti con lo stesso stile delle moto.

We felt at one with our DesertX bikes. Thanks, on the one hand, to their very welcoming ergonomic features. But also because we saw each other dressed in the same style as the bikes.

Dalle dune alla ghiaia, dal terreno battuto all'asfalto sconnesso. Ci muovevamo senza soluzione di continuità tra fondi stradali così diversi tra loro senza nessuna fatica.
Rapiti solo dal divertimento e dal paesaggio.

From dunes to gravel, from compact to rough asphalt. We moved seamlessly between very different road surfaces without any effort. Captivated only by the fun and the landscape.

Nel tardo pomeriggio abbiamo cominciato a esplorare i dintorni del Fossil Rock Desert, uscendo nelle aree di gravel a cercare panorami mozzafiato. Non è stato difficile trovarli.

In the late afternoon we began to explore the surroundings of the Fossil Rock Desert, foraying into the gravel areas to seek out breathtaking views. It wasn't hard to find them.

Il Fossil Rock Desert è un terreno meraviglioso su cui testare e sperimentare le moto. Sembrava fatto apposta per DesertX. Creste rocciose e morbide dune si alternano offrendo un paesaggio sempre vario e spettacolare.

The Fossil Rock Desert provides the ideal terrain on which to test and experiment with the bikes. As if it were made for the DesertX. The alternating rocky ridges and soft dunes make for a spectacular, ever-changing landscape.

Man mano che il sole calava i colori diventavano sempre più caldi. Le moto, così distintamente bianche e taglienti si stagliavano sempre di più sui rossi intensi del deserto al tramonto.

As the sun went down the colors got ever warmer. And the bikes, so distinctly white and sharp, stood out more and more against the intense reds of the desert sunset.

CROSSING THE LIMIT

THE SHOW OFF

**IN VOLO
SULLA PISTA
DI DORNO.**

**FLYING AT
THE DORNO
MX TRACK.**

La prima volta che ho provato la DesertX, nel Fossil Rock Desert, in condizioni estreme tra caldo torrido e tempeste di sabbia ho pensato: "Zampieri aveva ragione. In Ducati si sono davvero superati!". Non l'avevo mai provata prima di allora ma mi ha dato da subito un ottimo feeling, segno che è fatta a regola d'arte. Mi sono divertito così tanto che alla fine dello shooting avevo quasi il rammarico per non aver potuto osare di più per questioni di tempo.

Quando sono tornato a casa ho pensato: ora che la conosco meglio, perché non provare ad alzare il livello? Perché non vedere fin dove è capace di spingersi questa moto? Insieme a Ducati abbiamo scelto allora di portarla a Dorno, un tempio del motocross usato per i test e gli allenamenti da costruttori e piloti.

La moto era quella standard, quella che chiunque può acquistare in concessionaria, con una minima regolazione delle sospensioni e del precarico della forcella.

È stato un vero spasso. Come sul deserto, anche in pista la moto dà grande confidenza in modo incredibilmente naturale. È sempre agile, intuitiva e ben bilanciata. Il motore eroga tutta la potenza che serve e il Riding Mode Rally fornisce ottima progressività. L'ergonomia del serbatoio e la sella molto fine permettono di stare facilmente alla guida, sia seduto che in piedi, e anche sui salti si è sempre in equilibrio.

In Ducati mi hanno sempre fatto notare che la DesertX è stata sviluppata con un occhio anche alla strada, ma questa moto è davvero superlativa nell'off-road. Complimenti quindi agli ingegneri Ducati, credo possano ritenersi davvero soddisfatti del risultato ottenuto.

Per quanto riguarda la mia domanda, da vero testardo quale sono continuerò la mia ricerca. Perché quale sia il limite di questa moto io non l'ho ancora capito. E giunti a questo punto, inizio a pensare, questa Ducati DesertX un vero e proprio limite forse non ce l'ha.

Antoine Méo

The first time I tested the DesertX, in the Fossil Rock Desert, in extreme conditions with scorching heat and sandstorms, I thought: "Zampieri was right. They've really outdone themselves at Ducati!". I hadn't tested it until then, but it immediately gave me a great feeling, a sign that it is built to perfection. I had such fun that, when the shoot came to an end, I almost regretted not having been able to push harder, due to the time constraints.

When I got back home, I thought, now that I know it better, why not try and raise the level? Why not see how far we can push this bike? So, together with Ducati, we decided to take it to Dorno, an MX "temple" that manufacturers and riders use for testing and training.

The bike was the standard version, the one that anyone can buy at the dealership, with minimal adjustment of the suspension and fork preload.

It was so much fun. Just as it was in the desert, on track the bike inspires real confidence in an incredibly natural way. It is always agile, intuitive and well-balanced. The engine delivers all the power you need, and the Rally Riding Mode provides excellent progression. The ergonomics of the tank and the narrow seat make for easy riding, whether seated or standing, and you feel the equilibrium even over the jumps.

I was continuously told that the DesertX had also been developed with a view to the road, but this bike is truly superlative off-road. And so, I want to congratulate the Ducati engineers; I think they can be extremely pleased with the final result.

As for my initial question, stubborn as I am, I will continue my research. Because I haven't yet understood where this bike's limits lie. And at this point, I'm beginning to think that perhaps this Ducati DesertX does not have a real limit.

Antoine Méo

Portare una moto da trail in una pista da cross. Percepivamo quel clima di attesa e trepidazione come quello che provi da bambino quando stai per fare una marachella.

Taking a trail bike to a dirt track. We felt that anticipation and trepidation that you experience as a child when you're about to get into mischief.

Come nel deserto, sono bastati pochi minuti ad Antoine per prendere confidenza con la combinazione di moto e pista. Dopo la prima ora aveva già sperimentato tutti i salti che pensavamo avrebbe tentato a fine giornata.

Just as we'd seen in the desert, it took Antoine only a few minutes to become familiar with the combination of bike and track. Just one hour in and he had already tried all the jumps we thought he'd attempt at the end of the day.

Volare. Con una leggerezza incredibile Antoine portava la sua DesertX tra un banking, un cambio di direzione e un dosso da 15 metri. Sembrava una danza più che una corsa.

Taking flight. With incredible lightness, Antoine carried his DesertX through banking, a change of direction and over a 15-meter hump. More like a dance than a race.

Gestire piccole e stabili accelerazioni incrementali per mettere la moto in equilibrio tra wheelie e stoppie sui dossi più impervi.

In un terreno così particolare anche la progressività del motore ha avuto la sua parte di merito.

Accelerating in a steady and incremental way to balance the bike as it performs wheelies and stoppies on the toughest humps.

On such unique terrain, the progressiveness of the engine came into its own.

Da quando l'ho provata la prima volta nel deserto ho avuto diverse chance di testare la moto per dare feedback sul suo comportamento con l'obiettivo di spingerla verso il suo limite. Sono sincero, non l'ho ancora trovato.

È una moto che mi ha sorpreso dai primi 200 metri fatti sulle dune, e non ha ancora finito di stupirmi. Anche in una condizione estrema come quella del crossodromo di Dorno, che molti appassionati conoscono, si è comportata con una naturalezza eccezionale. È davvero una moto ben nata.

Since trying it for the first time in the desert, I have had several chances to test the bike and give feedback on its behavior with the aim of pushing it to its limit, which to be honest, I haven't yet found.

It is a bike that surprised me from the very first 200-meter stretch in the dunes, and it continues to surprise me now. Even in extreme conditions such as those at the Dorno MX track, which many fans know, it behaved in a particularly natural way. It really is a well-conceived bike.

> # "
> # I KEEP TRYING TO FIND THE LIMIT OF THIS BIKE. I'M STILL NOT SURE I WILL.
>
> ANTOINE MÉO

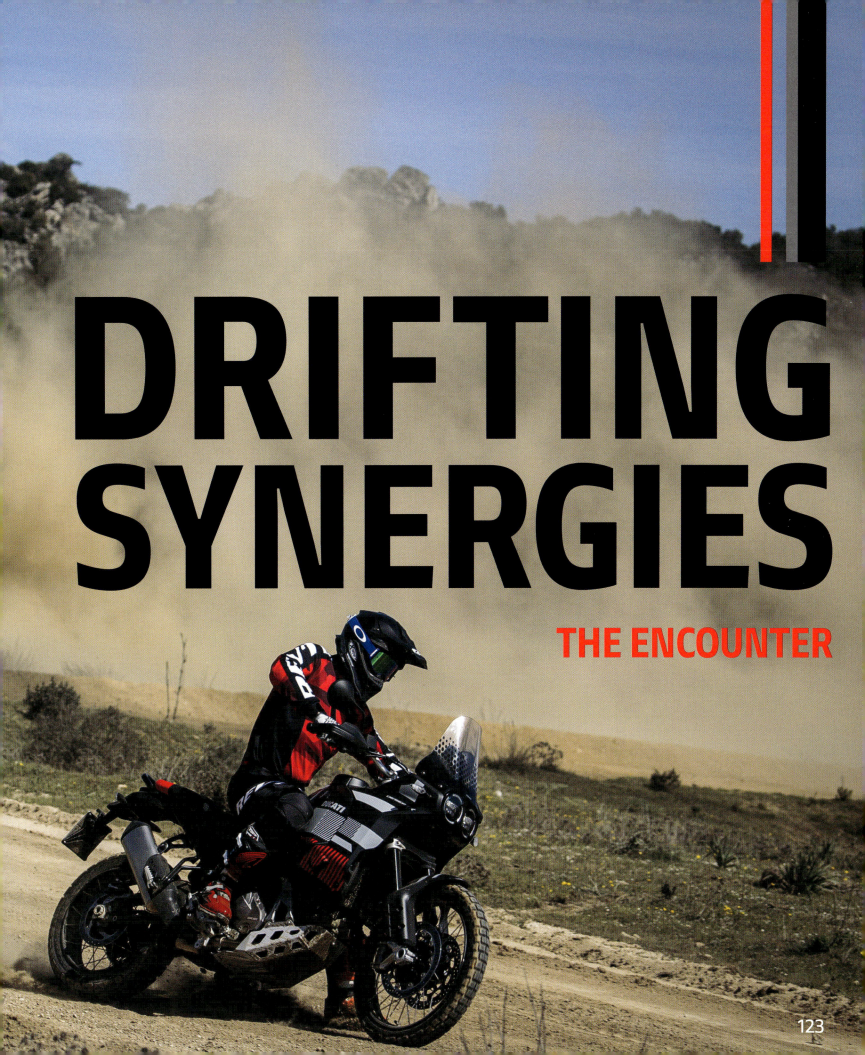

DRIFTING SYNERGIES

THE ENCOUNTER

DESERTX E AUDI RS Q E-TRON: MACCHINE DA FUORISTRADA.

DESERTX AND AUDI RS Q E-TRON: OFF-ROAD MACHINES

DesertX è la moto che sposta i confini di ciò che può fare una Ducati. Audi RS Q e-tron è il prototipo da rally a trazione elettrica che ha impressionato il mondo alla Rally Dakar 2022. Entrambe sono nate per affrontare il deserto e per definire nuovi standard tecnologici nell'off-road a due e a quattro ruote.

Vederle in azione è uno spettacolo nello spettacolo. L'esclusiva livrea nera, grigia e rossa della DesertX inneggia all'efficienza estrema di Audi RS Q e-tron e alla collaborazione tra i Centri Stile dei due brand. Ma la somiglianza estetica non è l'unica cosa che accomuna queste macchine da fuoristrada, che sulla sabbia e sulla roccia dimostrano una competenza tecnica da lasciare stregati anche due fuoriclasse come Danilo Petrucci e Carlos Sainz.

Per Danilo Petrucci è un gioco da ragazzi sfruttare al massimo le caratteristiche off-road della DesertX, dalla ruota anteriore da 21" con posteriore da 18", alle sospensioni a lunga escursione e all'ampia luce a terra. Per non parlare dei sistemi elettronici allo stato dell'arte, come i sei riding mode (di cui due, Enduro e Rally, destinati all'uso off-road) che in combinazione con i quattro power mode modificano potenza e prontezza di risposta del motore.

Petrucci ha debuttato nel Rally Dakar nel 2022, esattamente come Audi RS Q e-tron, che nella più proibitiva delle competizioni off-road è riuscita a ottenere quattro entusiasmanti vittorie di tappa, seguite pochi mesi dopo dalla vittoria assoluta all'Abu Dhabi Desert Challenge. Per Audi, che storicamente ha avuto nel rally uno dei suoi principali terreni di conquista, è un ritorno alle origini. Che come sottolineato da Carlos Sainz segna al tempo stesso un nuovo punto di partenza, perché Audi RS Q e-tron è un veicolo tecnicamente unico, che apre nuove possibilità per lo sviluppo futuro delle auto da corsa.

Per Audi e Ducati non esistono strade che non possano essere battute. E i loro ingegneri sanno bene che una tecnologia vincente nell'off-road è vincente su tutti i terreni. Nelle tracce lasciate sulla sabbia da DesertX e RS Q e-tron, pertanto, ritroviamo un'unica matrice: la voglia di spingersi sempre oltre, e il desiderio di trasformare i sogni più selvaggi in realtà.

DesertX is the motorcycle that pushes the boundaries in terms of what a Ducati can do. Audi RS Q e-tron is the prototype electric-traction rally car that dazzled the world in the 2022 Dakar Rally. Both are born to take on the desert and define new technological standards for two- and four-wheeled off-roading.

Seeing them in action is a show within a show. The exclusive black, grey and red livery of the DesertX pays tribute to the extreme efficiency of Audi RS Q e-tron and the collaboration between the brands' respective Style Centers. These off-road machines do not just share a similar aesthetic, but also a technical proficiency on sand and rock that is enough to bewitch two aces like Danilo Petrucci and Carlos Sainz.

For Danilo Petrucci, fully exploiting the off-road characteristics of the DesertX is child's play, from the 21" front wheel with 18" rear, to the long-travel suspension and significant ground clearance. Not to mention state-of-the-art electronics systems, like the six riding modes (two of which, Enduro and Rally, destined for off-road use) that, in combination with the four power modes, modify engine power and response.

Petrucci debuted in the 2022 Dakar Rally, just like Audi RS Q e-tron that, in the toughest of all off-road competitions, was able to amass four stage wins, followed, just a few months later, by overall victory in the Abu Dhabi Desert Challenge. A return to its origins then, in that the rallying world is an historic land of conquest for Audi. But one that also marks a new point of departure, as Carlos Sainz points out, because Audi RS Q e-tron is a technically unique vehicle that opens up new opportunities for the future development of race cars.

For Audi and Ducati, there is no such thing as a road that cannot be conquered. And their engineers are well aware that technology that succeeds off-road can succeed on all terrains. The tracks that DesertX and RS Q e-tron leave in the sand make for a unique matrix: the will to push ever further and the desire to transform the wildest dreams into reality.

Lo spettacolare evento di cui sono state protagoniste DesertX e RS Q e-tron è stato organizzato in partnership da Ducati e Audi, per celebrare il grande legame e la costante collaborazione tra i due brand.

The spectacular event starring DesertX and RS Q e-tron was organized in partnership by Ducati and Audi to celebrate the strong bond and continuous collaboration between the two brands.

"
IT'S AS IF THEY'RE MADE FOR EACH OTHER

ANDREA FERRARESI
DUCATI CENTRO STILE, DIRECTOR

START EXPLORING
THE JOURNEY

UN TOUR TRA LE MERAVIGLIE DELLA TUNISIA.

TOURING THE WONDERS OF TUNISIA.

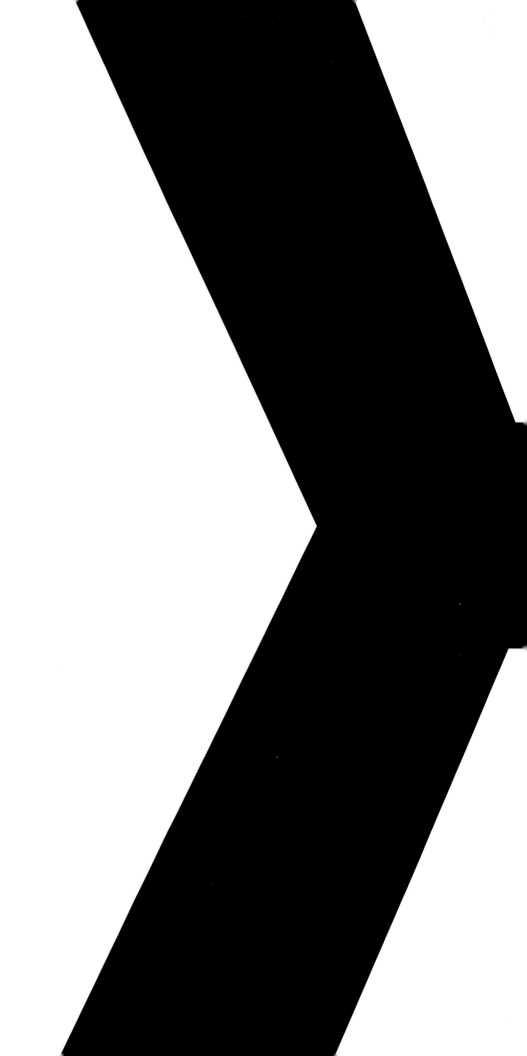

Tunisia. La nuova tappa dell'infinito viaggio con la DesertX. Un paese affascinante e ricco di storia, popolato da gente ospitale e da un'incredibile varietà di paesaggi. Lo scenario perfetto per l'avventura di una vita.

In sella alla DesertX passiamo dagli stretti e colorati vicoli di Tunisi alle sconfinate pianure desertiche del Sahara, attraversando città nascoste, oasi di montagna, tramonti incontaminati. Un territorio unico, che sembra fatto apposta per far vivere a chi lo esplora sensazioni intense. Un itinerario da sogno, che ci permette di apprezzare tutta la versatilità della DesertX.

Ci arrampichiamo sui sentieri rocciosi, e lasciamo che il divertimento ci porti a scoprire bellezze nascoste. Percorriamo infinite piste di sabbia, e ci sentiamo catapultati in un rally-raid sahariano. Sui crinali nell'erg facciamo esplodere tutta la personalità della DesertX, e nei (rari) momenti di sosta ci godiamo la gentile fierezza di un popolo dalle tradizioni millenarie, in perenne armonia con la natura.

Il leggendario Testastretta 11° da 937 cm^3, con la sua erogazione regolare e sempre ben gestibile, ci permette di affrontare qualsiasi percorso con grande confidenza. Grazie alle combinazioni offerte da sei riding e quattro power mode, basta un click sul manubrio perché la moto si adatti perfettamente a tutti i tipi di terreno.

La DesertX sembra uscita dal futuro. Lo pensi quando sei alla sua guida, e lo leggi negli occhi di chi, pur essendo abituato agli avventurieri, ti vede arrivare in sella a una moto così diversa da tutte quelle viste prima.

Le tappe si susseguono, una dopo l'altra, e la meraviglia per questo viaggio in Tunisia cresce insieme a quella per la moto. La prova? Le deviazioni sul percorso si fanno sempre più frequenti, come volessimo guardarci bene dal raggiungere la nostra destinazione.

Alla fine, dopo sette giorni di viaggio e circa 800 km percorsi, ritorniamo a Tunisi e completiamo la nostra avventura. Le emozioni del viaggio iniziano a trasformarsi in ricordi. I colori, i profumi e i paesaggi di questa fantastica terra si organizzano in un diario che custodiremo con noi per il resto della nostra vita. Mentre prepariamo la DesertX per il rientro a casa, e la nostra mente ripercorre uno per uno i km percorsi insieme a lei, c'è soltanto una cosa a cui riusciamo a pensare: quando si riparte?

Tunisia. The latest leg of an infinite journey with the DesertX. A fascinating country, rich in history and populated by hospitable people and an incredible variety of landscapes. The perfect setting for the adventure of a lifetime.

Astride the DesertX, we travel the narrow and colorful backstreets of Tunis to the limitless desert plains of the Sahara, crossing hidden cities and mountain oases and experiencing unspoiled sunsets. A unique territory, which seems intent on providing those who explore it with intense emotions. A dream itinerary that allows us to appreciate the sheer versatility of the DesertX.

We climb up rocky tracks, our amusement leading us to discover hidden beauty. We ride endless sandy paths and find ourselves catapulted into a Saharan rally raid. On the crests of the dunes, we unleash the full character of the DesertX, and during our (rare) breaks, we enjoy the courteous pride of a population with age-old traditions, in eternal harmony with nature.

The legendary 937cc Testastretta 11°, with its smooth and easy to manage delivery, allows you to take on any route with extreme confidence. Thanks to the combinations afforded by six riding modes and four power modes, a simple click on the handlebar sees the bike adapt perfectly to every kind of terrain.

It's as if the DesertX has come from the future. You think it as you are riding, and you see it in the eyes of those who, despite being used to adventurers, watch you arrive on a bike that is so different from anything they've seen before.

The stages come in quick succession, one after another, and the amazement we feel about this trip across Tunisia grows together with that which we feel for the bike. The proof? We make an increasing number of deviations from the route, as if taking great care not to reach our destination.

In the end, after seven days of travel in which we covered roughly 800 km, we return to Tunis and conclude our adventure. The emotions of the trip begin to transform into memories. The colors, scents and landscapes making up this wonderful land are organized into a diary that we will keep with us for the rest of our lives. As we prepare the DesertX for the trip home, and our minds replay, one by one, the miles we've covered with our travel companion, we have just one thought... When's our next trip?

Dopo esserci inerpicati per i sentieri rocciosi ci lanciamo sulle strade desertiche alla massima velocità. La DesertX è in configurazione standard ma le sue possibilità non conoscono limiti.

Having scrambled up rocky tracks, we head onto the desert roads at full speed. The DesertX is in its standard configuration, but its possibilities know no limits.

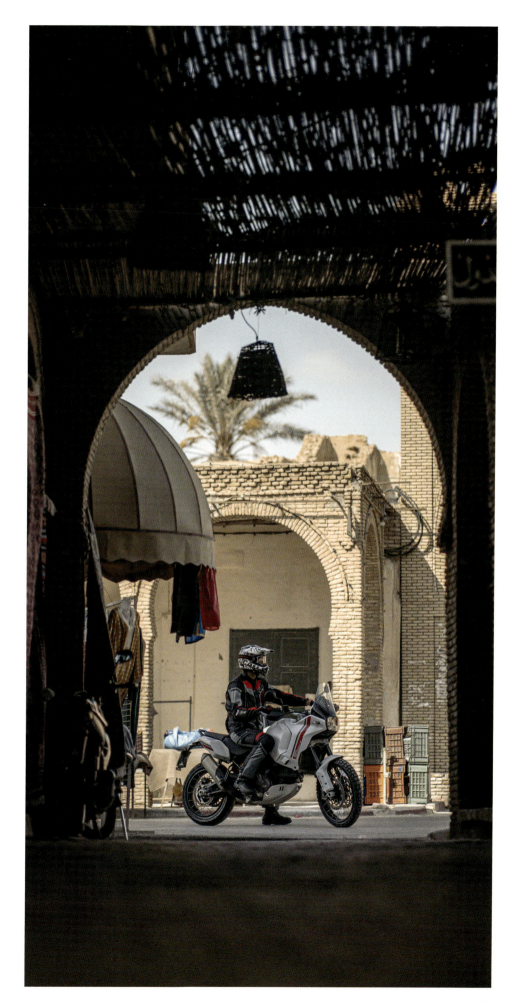

La Tunisia è un mosaico di paesaggi spettacolari, di cui è impossibile non innamorarsi. E che dire dei suoi abitanti? Nella capitale Tunisi la DesertX non passa certo inosservata, e per noi è un piacere ricambiare i sorrisi e le cortesie di un popolo così incredibilmente ospitale, capace di offrirci un'accoglienza sempre calda e mai invadente.

Tunisia is a mosaic of spectacular landscapes that are impossible not to love. And what about its inhabitants? In the capital Tunis, the DesertX certainly doesn't go unnoticed, and we enjoy exchanging smiles and pleasantries with such incredibly hospitable people, who always offer a warm but never intrusive welcome.

Un po' Marte, un po' Luna, un po' Grand Canyon.
Ti guardi intorno e capisci subito perché il cinema
ha scelto proprio questi luoghi per ambientarvi
alcuni dei suoi più grandi capolavori.

Part Mars, part Moon, part Grand Canyon. You look
around and immediately understand why the movie
world has chosen these landscapes for some of its
greatest works.

Una breve sosta e poi via.
L'avventura continua.
Il sogno si fa sempre più realtà.

A short break and on we go.
The adventure continues.
The dream becomes an increasing reality.

Il Riding Mode Rally permette di sfruttare al massimo tutta la competenza che DesertX è in grado di esprimere nell'off-road. Il motore eroga 110 cavalli e la risposta al gas è particolarmente reattiva, per permettere di superare l'ostacolo con il classico "colpo di gas".

The Rally Riding Mode allows us to fully exploit all the off-road ability of the DesertX. The engine delivers 110 horsepower and the throttle response is particularly reactive, so you can surmount an obstacle with that typical "twist of the wrist".

Design, testi e progetto editoriale
Design, texts and editorial design

Craq Design Studio
Davide Baruzzi
Pierre Maurice Reverberi
Luca Ciarallo
Enrico Bari

Coordinamento redazionale
Editorial coordination

Patrizia Cianetti
Isabella Cumani
Sara Alberghini
Luca Sandri
Claudio De Angeli
Nicola Antonelli
Edoardo Carrai

Fotografia
Photography

Aaron Brinmhall / RGB Film
Matteo Cavadini
Giovanni De Sandre
Editoriale Domus
Marcello Mannoni
Massimiliano Serra

Silvana Editoriale

Direzione editoriale / Direction
Dario Cimorelli

Art Director
Giacomo Merli

Coordinamento editoriale / Editorial Coordinator
Sergio Di Stefano

Redazione / Copy Editor
Filomena Moscatelli

Coordinamento di produzione /
Production Coordinator
Antonio Micelli

Segreteria di redazione / Editorial Assistant
Giulia Mercanti

Ufficio iconografico / Photo Editors
Silvia Sala

Ufficio stampa / Press Office
Alessandra Olivari, press@silvanaeditoriale.it

Diritti di riproduzione e traduzione
riservati per tutti i paesi
All reproduction and translation rights
reserved for all countries
© 2022 Silvana Editoriale S.p.A.,
Cinisello Balsamo, Milano
© 2022 Ducati Motor Holding S.p.A.

A norma della legge sul diritto d'autore e del codice
civile, è vietata la riproduzione, totale o parziale,
di questo volume in qualsiasi forma, originale
o derivata, e con qualsiasi mezzo a stampa,
elettronico, digitale, meccanico per mezzo
di fotocopie, microfilm, film o altro, senza
il permesso scritto dell'editore.
Under copyright and civil law this volume
cannot be reproduced, wholly or in part,
in any form, original or derived, or by any means:
print, electronic, digital, mechanical, including
photocopy, microfilm, film or any other medium,
without permission in writing from the publisher.

Silvana Editoriale S.p.A.
via dei Lavoratori, 78
20092 Cinisello Balsamo, Milano
tel. 02 453 951 01
fax 02 453 951 51
www.silvanaeditoriale.it

Le riproduzioni, la stampa e la rilegatura
sono state eseguite in Italia
Reproductions, printing and binding in Italy
Stampato da / Printed by
Tecnostampa Pigini Group Printing Division, Loreto - Trevi
Finito di stampare nel mese di novembre 2022
Printed November 2022